I0503147

MEJORA TU ECONOMÍA

José Ramón González Velázquez

2011

Índice

1. Introducción

1.1   Motivos por los que debes leer el libro

Quiero comenzar este libro explicando al lector que hace unos meses me encontraba, como la mayoría de los españoles, con una gran incertidumbre sobre el futuro laboral que me aguardaba. Esto se explica fácilmente si os digo que trabajaba para una constructora.

Como ya sabéis, a principios del 2007 se inicia en España un progresivo retroceso de la actividad económica, que se agrava en 2008 y ha continuado en 2009. La producción sigue contrayéndose en el 2010 y se espera que la recuperación sea lenta.

Mejora tu economía

Las noticias sobre la crisis, el despido diario de compañeros de trabajo y la poca confianza generalizada sobre la economía me hicieron reflexionar sobre mi situación profesional. ¿Por qué esperar a formar parte de las listas del paro?, ¿no hay alternativas? Permítame afirmarle que sí.

Es cierto que la actual situación económica no es nada buena, pero no siempre fue así. No hace mucho tiempo trabajé, como ingeniero, en una próspera empresa que obtenía beneficios millonarios anuales. Eran tiempos de abundancia. Los técnicos desarrollábamos las obras de construcción con métodos que nos permitía orientar el negocio hacia el máximo beneficio.

La situación actual es muy diferente, el sector de la construcción, como los demás, ha experimentado una prolongada recesión que aún perdura. Vivimos una época de cambios donde la forma de trabajar y hacer negocios ha cambiado. Ahora, más que nunca, necesitamos ser originales, innovar realizando cambios organizativos que nos permita sacar el máximo provecho a nuestras virtudes, buscando lo mejor de nosotros mismos para superar los problemas que nos acucian y ayudar al resto de personas a conseguirlo.

Con este libro me propongo precisamente eso.

Durante muchos años utilicé un método, en mi empresa, con el que se obtuvo pingües beneficios. ¿Por qué no utilizar un método así para la economía doméstica? Se puede hacer sin ningún problema. Se puede emplear el mismo método que utilizan las grandes compañías, simplificándolo, para poder hacer uso de él de una forma práctica y sencilla. No se trata de estudiar Dirección y Administración de Empresas, ni de cursar ningún Máster MBA. Solo pretendo conseguir poner a disposición del lector una herramienta útil que pueda poner en práctica, sin invertir mucho dinero o mucho tiempo, tras leer un pequeño libro.

Por tanto, el libro va dirigido a todas las personas que quieran valorar la viabilidad de un negocio o actividad económica y no dispongan de formación, en materia económica, suficiente ni tiempo para formarse, y que desean tener unos conocimientos básicos en poco tiempo.

1.2 Beneficios que podrás conseguir.

En resumen, con la lectura del libro obtendrás los beneficios siguientes:

- ✓ Dispondrás de un método de análisis para poder valorar con objetividad los negocios que proyectes realizar.
- ✓ Sabrás si tus ideas son o no son viables y lo sabrás, gracias al método que vamos a aplicar, en poco tiempo.
- ✓ Con el método, analizarás las alternativas que te permitan hacer viable tu negocio, o bien hacerlo más productivo.
- ✓ Aprenderás a concentrarte en los problemas reales y evaluarlos con exactitud.

Mejora tu economía

✓ Tendrás conocimiento de técnicas de análisis y búsqueda de soluciones.

2 Crisis de ideas

El diccionario de la Real Academia de Española define la crisis como la situación de un asunto o proceso cuando está en duda la continuación, modificación o cese. Muchos autores consideran que, lo que vivimos hoy, no se trata de una verdadera crisis, sino que más bien es una oportunidad de crecer y tener nuevas ideas.

La palabra crisis en chino está designada por símbolo del Wei Ji que significa peligro y oportunidad.

Afronta la crisis como un desafío. Mira esta nueva situación desde la perspectiva de la transformación de estos momentos difíciles en una oportunidad de renovación y refuerzo de tu negocio. Esta es la etapa de agudizar el ingenio y desarrollar tu creatividad para transformar la crisis en una bendición.

Hay un viejo proverbio que dice que no hay mal que por bien no venga. Así es como yo lo veo. Si quieres que tu situación mejore, no veo otro camino que no pase por cambiar algo de lo que venías haciendo hasta ahora.

Pregúntate, en tu situación actual ¿cómo puedes aprovechar la crisis para progresar en lo que haces? ¿Cómo puedes enfocar tus productos o servicios para una clientela que está pasando por un bache económico? ¿Qué valor añadido puedes

dar? ¿Qué puedes hacer para que este tiempo se

transforme en productivo?

3 Punto de partida

3.1 Posicionamiento. ¿Quién soy?

¿Quién eres? ¿Realmente sabes quién eres? Aunque le pueda sorprender las preguntas, lo cierto es que el 90% de la población no tiene ni idea de quién es ni de que quiere realmente en esta vida. Seguro que tiene familiares, compañeros de trabajo o tal vez amigos que habiendo dedicado mucho tiempo de sus vidas a conseguir un objetivo concreto: obtener un título universitario, un doctorado o unas oposiciones, por ejemplo, un buen día, se dan cuenta de lo tremendamente infelices que son y lo abandonan todo por un objetivo totalmente diferente.

Quien se conoce bien, puede apoyarse en sus puntos fuertes para actuar sobre sus puntos débiles, y así corregirlos y mejorarlos.

Es imprescindible conocer, sin ningún tipo de dudas, cuáles son nuestros propósitos ya que de ello dependerá que las energías que empleemos en alcanzarlo serán las necesarias y suficientes. Con ello evitaremos perdidas de nuestro tiempo, y frustraciones que nos desmotivarán cuando intentemos abordar un nuevo objetivo.

3.2 Baño de realismo. La viabilidad de mis deseos.

El sufrimiento de muchas personas se debe a su falta de realismo. Sueñan mundos, relaciones, personas, acontecimientos y cualidades en su vida que nunca estarán presentes. Cuando nos ilusionamos falsamente sufrimos.

Es necesario que tengamos los pies en el suelo. No podemos vivir de ideas que nunca llegarán a hacerse realidad. Si somos personas excesivamente idealistas tropezaremos una y otra vez con los acontecimientos.

Mejora tu economía

La solución a nuestros problemas solamente se consigue cuando nos enfrentamos a ellos.

No hay que poner las esperanzas en que "me ganaré la lotería y se acabarán mis problemas..." y cosas por el estilo como "la suerte..." "el destino...", etc. Lo mejor es llamar a las cosas por su nombre y afrontar sin miedos los retos que la vida te ofrece.

Procura relacionarte con personas realistas y alejarte de personas que se crean mundos artificiales. Con las personas que afrontan las cosas aprenderemos a ser realistas. Con las personas cobardes lo único que aprenderemos es a seguir creciendo con nuestros miedos.

Si no sabes por ti mismo cómo dejar el camino de las ilusiones, lo mejor es pedir ayuda a personas que te puedan orientar.

4 Planificación económica

Con este capítulo comienza la esencia del libro.
Como expliqué en la introducción el objetivo del
libro es dar a conocer un sistema que nos permita
evaluar y planificar económicamente cualquier
actividad económica que deseemos emprender
con el fin de obtener un beneficio.

Ya tenemos un proyecto en mente. Nos
preguntamos si será o no rentable. Lo primero que
debemos tener en cuenta es la viabilidad
económica del mismo. Para ello debemos hacer
una planificación económica. ¿Para qué? Te
explico:

Mejora tu economía

La planificación económica de tu negocio te aportará una herramienta que te permitirá conocer en todo momento la situación económica del mismo, con el fin de que puedas tomar las decisiones más adecuadas para optimizar el resultado.

Más adelante veremos que este objetivo lo podremos conseguir atendiendo a los conceptos siguientes:

> ➤ Análisis de los Costes
>
> ➤ Formulación de Estrategias
>
> ➤ Mejoras del Resultado

4.1 Plan de viabilidad

Con el plan de viabilidad se pretende conocer, antes de emprender el negocio que tengamos pensado, la viabilidad técnica y económica del mismo. Es decir, si pretendes vender toallas a 2 euros, pero tu mejor proveedor te las suministra al mismo precio, lógicamente obtendrás un resultado negativo, teniendo en cuenta el resto de costes (transporte, almacenaje, etc.). Es decir, en este caso el negocio no es viable económicamente. Por otro lado, si se te ha ocurrido vender las toallas con bonitos estampados en relieve, debes de saber primero si dispones de algún fabricante que disponga de la máquina adecuada para fabricarlas ya que de lo contrario tu negocio no sería viable técnicamente.

Consideraciones básicas aparte ten en cuenta que los objetivos principales de un plan de viabilidad son los siguientes:

a. Conocer con exactitud los riesgos económicos que tendremos que afrontar si nos decidimos a continuar con nuestra idea de negocio.

b. Planificar las actuaciones técnicas necesarias para disminuir, en la medida de lo posible, los riesgos y conseguir alcanzar los objetivos previstos.

Pero, ¿Cómo diablos puedo conseguirlo sin liarme por el camino? Sique leyendo porque paso a explicártelo ya.

El plan de viabilidad no es complicado si se realiza por fases. Son las siguientes:

1. Costes

2. Resultado y Estrategias

3. Resumen y cierre de la viabilidad

1. Costes

Es casi con toda seguridad la parte más importante del plan de viabilidad. El objetivo esencial del mismo es conocer el coste total del negocio. El coste total será la suma del coste directo mas el coste indirecto.

El coste directo

Es el que está asociado a una unidad presupuestaria (UP). En el ejemplo anterior, la toalla sería una UP y su coste directo es de dos euros. Si la unidad es más compleja, por ejemplo la toalla con los bonitos bordados, tendríamos una operación (OP), que, a su vez, tendría dos costes: la fabricación de la toalla y la realización del bordado, que lo puede realizar el mismo fabricante u otro distinto.

La OP, por tanto, es un conjunto de UP, cuyo coste directo estudiamos de manera global.

Siguiendo nuestro ejemplo tendríamos dos UP:

A. Toalla simple a 2 euros la unidad

B. Estampado sobre toalla, suponemos un coste de 0,5 euros por estampado.

El coste de la OP sería el siguiente:

Unidad (ud) de Toalla estampada = 2,5 euros

Con el estudio del coste directo estableceremos una relación entre la producción y su coste directo.

La unidad elemental de coste es el recurso.

Todo recurso debe tener los atributos siguientes:

a. Unidad de medida

b. Descripción

c. Precio unitario

d. Consumo dentro de la UD/OP

El estudio detallado del costc directo de una UD/OP se realiza a través de la ficha de coste, donde detallaremos todos los recursos necesarios para la ejecución de la UD/OP.

La ficha de coste siempre se asociará a una UD/OP y tendrá toda la información relativa al coste directo de la misma:

a. Recursos necesarios para la realización de UD/OP

b. Precio de los recursos

c. Consumo de cada recurso dentro de la UD/OP

"El concepto de coste directo es esencial en toda planificación económica"

El coste indirecto

Es el coste que no está directamente relacionado en la producción del bien que queremos vender o bien del servicio que queremos prestar.

Siguiendo el ejemplo sencillo que hemos expuesto, si deseamos vender nuestras camisas estampadas en diferentes tiendas, debemos hacerlas llegar empleando un transporte, lo que nos supondrá un coste, no relacionado directamente con la producción de las camisetas pero a tener en cuenta en los costes.

Los costes indirectos se estudian por recursos de diferentes naturalezas. Dependiendo de nuestro negocio las naturalezas pueden ser:

1. Mano de obra indirecta

2. Instalaciones

3. Maquinaria propia o alquilada

4. Cargas financieras, si hemos tenido que pedir un crédito

5. Tasas o tributos

6. Cualquier otro coste indirecto

2. Resultado y Estrategias

El resultado previsto de nuestra planificación económica se obtiene por diferencia entre la producción y el coste total (suma de los costes directo e indirecto).

Las estrategias son variaciones posibles de nuestro negocio que nos permitirán conseguir una mejora del resultado. Requerirán el conocimiento y aprobación de nuestro cliente. Si, por ejemplo, nos han hecho un pedido de 100 camisetas estampadas y le planteamos al cliente suminístraselas lisas, sin variar el precio de venta, y las acepta, entonces nuestro resultado mejorará al disminuir el coste directo de las mismas.

Cada estrategia que se nos ocurra hay que estudiarla por separado. Los pasos para estudiar toda estrategia son los siguientes:

a. Análisis de la UD que se incluye

b. Estudio del coste directo de las UD/OP que se incluyen.

c. Análisis de las UD/OP que se eliminan y de su correspondiente coste directo.

d. Resumen de las variaciones debidas a las estrategias.

Cuando una estrategia no supone variación de producción, se denomina solo de coste. Es el caso más sencillo y como ejemplo nos vale el puesto anteriormente con la venta de camisetas sin estampado.

3. Resumen y cierre de viabilidad

Para preparar el resumen de la Viabilidad de nuestro negocio recogeremos en un documento los datos relativos a la producción, coste y resultado considerando las estrategias que creamos poder considerar.

Con este documento estaremos en disposición de saber si nuestro negocio es o no viable, en función del resultado esperado. Si obtenemos un resultado negativo solo nos queda replantear la viabilidad buscando nuevas estrategias o analizando nuevamente los costes, tanto los directos como los indirectos, con el fin de cambiar el resultado.

4.2   Plantillas y ejemplos

Todo lo que hemos aprendido debe ser asimilado, con las plantillas que iré exponiendo, para aprender con ejemplos a realizar, de una forma rápida y sencilla, una planificación económica.

Veamos un ejemplo:

Para no desentonar con los ejemplos puestos hasta ahora, supongamos que nos dedicamos a vender camisetas y uniformes de equipos de futbol. Un cliente nos hace el pedido siguiente:

100 uniformes del Real Madrid. La condición que nos pone es que todas las prendas sean de algodón. Sabemos que cada uniforme se

compone de las prendas: camiseta, pantalón y medias.

Nuestro cliente está dispuesto a pagar 68 euros por cada uniforme. Es decir, la producción total de nuestro negocio será de 68*100 = 6.800 Euros.

Nos rascamos la cabeza y comenzamos a analizar si nos conviene o no acometer este negocio.

Como hemos dicho, lo primero que debemos hacer es analizar el coste.

Para el ejemplo expuesto vamos a suponer que tenemos tres operaciones:

a. Suministro de camiseta

b. Suministro de pantalón

c. Suministro de media

Vamos a considerar que la operación "suministro de camiseta" se divide, a su vez, en las unidades siguientes:

a1. Suministro de camiseta lisa

a2. Serigrafía de escudo y número

Teniendo todas las unidades claras, debemos conocer el coste de cada una de ellas. Para eso, acudimos a nuestro mejor proveedor y nos da los precios siguientes:

COD	CAPITULO	CD (€)	P(€)	P/CD
a	Suministro de camiseta	50	40	0
b	Suministro de pantalón	10	20	1
c	Suministro de medias	4	8	2
	TOTAL	64	68	

Tabla 1

Donde:

COD = Código de la operación o unidad

CD (€) = Coste Directo, en euros

P (€) = Producción asociada de la unidad, en euros. Es decir, lo que nos va a pagar nuestro cliente.

CD/P = Relación entre el coste directo y la producción asociada. Esta relación nos servirá para saber si tenemos la unidad bien contratada o no.

Pero hemos dicho que el suministro de camisetas es una operación, que se divide en las unidades siguientes:

COD	CAPITULO	CD (€)
a1	Suministro de camiseta lisa	40
a2	Serigrafía de escudo y número	10
	COSTE DIRECTO TOTAL	50

Tabla 2

Las Tablas anteriores nos facilita la información unitaria de las unidades a contratar. Si valoramos el número completo de unidades obtendríamos la tabla siguiente.

COD	CAPITULO	CD unit	Cant.	CD tot
a	Suministro de camiseta	50	10	5
b	Suministro de pantalón	10	10	1
c	Suministro de medias	4	10	4
			TOTAL (€)	6

Tabla 3

Donde:

CD unit = Coste Directo Unitario

CD tot = Coste Directo Total

Cant = Cantidad medida de la unidad

Ya tenemos el coste directo de todas las unidades de nuestro negocio.

Del análisis de los números sacamos las conclusiones siguientes:

- ✓ La unidad a "Suministro de camiseta" es una unidad mal cogida ya que solo el CD es superior a producción asociada o lo que es lo mismo, lo que nos pagan por ella.

- ✓ La unidad b "Suministro de pantalón" tiene una relación P/CD aceptable, aunque lo ideal es que esta relación al menos sea igual a 2.

- ✓ La unidad c "Suministro de medias" tiene una relación P/CD igual a 2. Es decir, que su coste directo es la mitad de lo que nos pagan. Esta relación es buena.

Mejora tu economía

Teniendo claro cuáles son los CD de nuestras unidades/operaciones debemos analizar los Costes Indirectos (CI). Recordad que son aquellos costes que son independientes de la producción de las unidades que conforman el producto o servicio que queremos vender.

Los CI que tendremos en nuestro negocio de
ventas de uniformes serán los siguientes:

Nat	Recursos	UD	Precio	Cant.	Imp.	%SP
MOI	Propio	mes	0	1	0	0
	Transporte	día	150	1	150	2,21
INST.	Casa	mes	0	1	0	0
EAP	Ordenador	0	0	0	0	0
	Internet + TF	mes	35	1	35	0,51
EAA	0	0	0	0	0	0
CF	Préstamo	mes	350	1	350	5,15
OCI	0	0	0	0	0	0
COSTES INDIRECTOS TOTALES					535	7,87

Tabla 4

En este caso tiene valor cero porque nosotros mismos vamos a realizar todas las gestiones necesarias. No le pagaremos a nadie para eso.

MOI = Mano de Obra Indirecta.

He considerado que la duración del negocio será de un mes. Es decir, en este tiempo realizaremos todas las gestiones necesarias para hacer el pedido a nuestros proveedores y servirlo al cliente.

INST = Instalaciones.

Incluimos en este apartado el lugar físico donde desde donde pretendemos realizar nuestro negocio. Podría entrar en esta categoría: almacenes, fábrica, etc. Vamos a suponer que el negocio lo llevaremos desde nuestra propia casa y así nos ahorramos algo de dinero.

EAP = Elementos Auxiliares Propios.

Son las herramientas que vamos a necesitar para llevar a cabo el negocio. En este caso solo tendremos necesidad de utilizar un ordenador y un acceso a internet. He supuesto que ya contamos con ello y por lo tanto no nos supone coste alguno.

EAA = Elementos Auxiliares Alquilados.

Si tuviese necesidad de alquilar algún equipo tendría que considerarlo igualmente. He considerado que no lo necesitaremos por lo que lo dejo a cero.

CF = Costes Financieros.

Si no tenemos dinero para financiar nuestro negocio tendremos la necesidad de pedir un préstamo al Banco.

Hemos considerado una Carga Financiera de 350 € porque tuvimos que pedir un préstamo al Banco por un importe de 7000 € y nos han cobrado unos intereses del 5%.

Nuestros costes serán los siguientes:

CD = 6.400 €

CI = 535 €

CT (Coste Total) = 6.935 €

OCI = Otros Costes Indirectos.

Si para llevar a cabo nuestro negocio tuviésemos, por ejemplo que realizar viajes, coger taxis, invitar a nuestro proveedor a alguna comida, etc., incluiríamos estos costes en este apartado. He considerado que no vamos a gastar tanto.

%SP = Porcentaje sobre la Producción Total.

Es otro indicador que nos ayuda a ver la dimensión de la cifra y prestar atención en que unidades del negocio están los costes mayores.

Ha llegado la hora de ir analizando los números que hemos expuesto e ir sacando conclusiones.

Conclusiones

En primer lugar podemos decir que nos proponen un negocio por el que nos pagan, en su totalidad, 6.800 €. Hemos calculado todos los costes que vamos a tener, y nos sale la cantidad de 6.935 €.

Si nos decidimos a aceptar el pedido con estas condiciones tendríamos el resultado siguiente:

RESULTADO = PRODUCCIÓN – COSTES

	CD	CI	P	R
Suministro de uniforme	6.4	535	6.800	−135

Tabla 5

RESULTADO = 6.800 € – 6.935 € = −135 €

Por tanto tendríamos un resultado negativo, por lo que este negocio es INVIABLE.

Esto ¿qué significa?, ¿debemos olvidarnos rápidamente de la idea y rechazar la oferta de nuestro cliente?

Permítame decirle que aún es pronto para eso. Debemos intentar plantear **ESTRATEGIAS** que nos permitan reducir los costes o aumentar la producción para **MEJORAR EL RESULTADO.**

4.3   Estrategias

Ya lo comenté en el apartado 4.1, las estrategias son variaciones posibles de nuestro negocio que nos permitirán conseguir una mejora del resultado.

Cuando digo posible, es exactamente eso, posible. Necesitamos que sean viables y tener la aprobación de nuestro cliente.

Del análisis de los Costes podemos sacar las conclusiones siguientes:

El suministro de camisetas es una operación que se divide en dos unidades:

a1. Suministro de camiseta

a2. Serigrafía de escudo y número

Estrategia Nº1

Parece lógico llegar a la conclusión que un punto débil de nuestra planificación económica es el coste del suministro de camisetas, ya que el resultado parcial de esta operación es negativo.

El suministro de camisetas en una operación que está constituida por dos unidades. Cada unidad tiene un coste y, suponemos, un proveedor distinto para cada una. Probablemente podamos negociar, con nuestro proveedor de camisetas, para que nos la suministre ya serigrafiadas. En este caso y por volumen de compra podemos negociar para que el coste de la camiseta serigrafiada nos cueste 45 €. Si prospera esta negociación tendríamos una estrategia de reducción de coste, luego no tendríamos que informar para nada a nuestro cliente. En estas condiciones el resultado nos varía como sigue.

CONCEPTO	CD	CI	P	R
Suministro de uniforme	6.400	535	6.800	
Variación por Estrategia Nº1	−500	0,0		
TOTAL	5.900	535	6.800	365

Tabla 6

Gracias a la estrategia, según vemos en la Tabla 6, hemos mejorado el resultado, dejándonos en números positivos y consiguiendo la viabilidad del negocio.

Estrategia Nº2

Con la estrategia nº 1 hemos conseguido disminuir el coste directo y por lo tanto nos ha proporcionado mejor resultado. Podemos intentar mejorar aún más el resultado aplicando una estrategia sobre la producción. Consistirá en ofrecerle a nuestro cliente 50 unidades más de uniformes haciéndole un 5% de descuento.

El CD sería el mismo por unidad, pero al no variar el CI la estrategia mejoraría el resultado.

CONCEPTO	CD	CI	P	R
Suministro de uniforme	6.400	535	6.800	
Variación por Estrategia Nº1	−500	0,0	0,0	
Variación por Estrategia Nº2	3.200	0,0	3.230	
TOTAL	9.100	535	10.030	930

Tabla 7

Si convencemos a nuestro cliente, el nuevo resultado, como se aprecia en la tabla 7, será casi tres veces mejor que el que teníamos conseguido aplicando solo la Estrategia 1.

Todos los negocios tienen muchísimas formas de gestionarse. De la habilidad que tengamos a la hora de realizar nuestras estrategias conseguiremos mejorar el resultado exprimiéndolo hasta límites que inicialmente nos parecía imposible.

He indicado, a modo de ejemplo, dos estrategias posibles. El resultado con cada una de ellas ha mejorado considerablemente. Seguro que tu, amigo lector, se te están ocurriendo muchas otras.

Esa es la filosofía de las estrategias. Debemos realizar una lluvia de ideas, considerar todas las estrategias que se nos ocurran, para posteriormente estudiarlas de una forma razonada y ordenada. Entonces, con una sonrisa en la boca, veremos cómo irá mejorando el resultado de nuestro negocio.

5. Conclusión

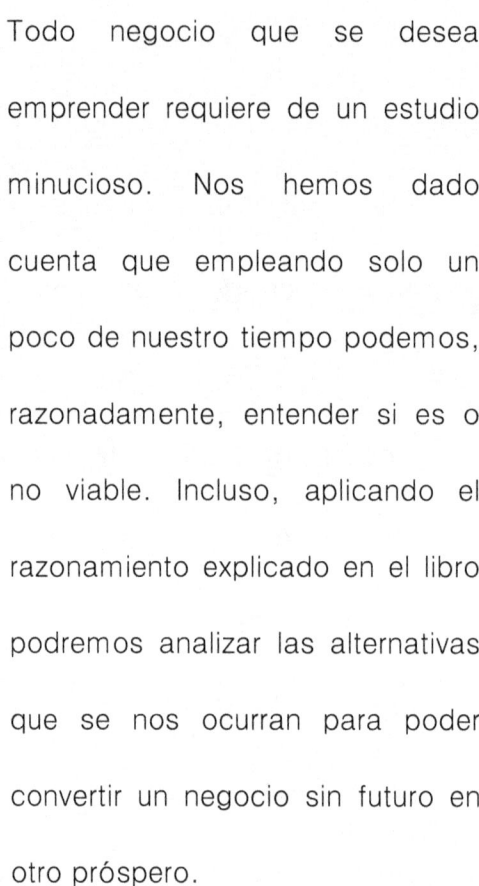

Todo negocio que se desea emprender requiere de un estudio minucioso. Nos hemos dado cuenta que empleando solo un poco de nuestro tiempo podemos, razonadamente, entender si es o no viable. Incluso, aplicando el razonamiento explicado en el libro podremos analizar las alternativas que se nos ocurran para poder convertir un negocio sin futuro en otro próspero.

Lo que has leído en este libro no son más que indicaciones y ejemplos sencillos, pero sin duda, te servirán para tener una primera valoración de cualquier negocio que pueda presentársete.

Gracias por haber comprado y leído el libro. Te deseo, estimado lector, la suerte que te mereces para que todos tus proyectos se hagan realidad.

J.R. González

www.ingramcontent.com/pod-product-compliance
Lightning Source LLC
Chambersburg PA
CBHW051247170526
45165CB00004B/1608